PROTECTION ET LIBRE-ÉCHANGE

Le député. — Je suis fatigué d'entendre disputer sur la protection et le libre-échange, car plus j'écoute et plus je lis les défenseurs de l'un et de l'autre système, plus je suis disposé, comme Henri IV, à croire qu'ils ont tous deux raison: Vous pratiquez depuis longtemps avec succès le commerce international : vous devez connaître cette question de façon à pouvoir me la faire comprendre en peu de mots bien clairs, surtout sans théorie, s'il est possible.

Le commerçant. — Je vous remercie de l'honneur que vous me faites, et, bien que je doute de pouvoir vous satisfaire, je vais essayer. Permettez-moi d'abord, si vous le voulez bien, de poser la question en termes simples.

Les filateurs de coton de la Normandie, du Nord et des Vosges demandent qu'on établisse un nouveau droit de douane sur les fils étrangers importés en France. Doit-on, oui ou non, accepter cet impôt? Voilà, ce me semble, la question.

Le député. — Parfaitement.

Le commerçant. — Si l'impôt est établi, les fils de coton importés coûteront plus cher aux tisseurs français, auxquels les filateurs français vendront leurs fils plus cher.

Le député. — Sans contredit.

Le commerçant. — Et les tisseurs français, achetant les fils plus cher, nous vendront les tissus plus cher, de telle sorte que l'impôt à établir sera perçu, pour une part insignifiante, par l'État, et, pour la plus grosse part, par les filateurs français.

La question est donc de savoir s'il convient d'établir sur les Français, qui, tous, plus ou moins, consomment du coton, un impôt au profit des filateurs de la Normandie, du Nord et des Vosges. Est-ce clair?

Le député. — Sans aucun doute.

Le commerçant. — Ainsi, la question, que l'on considère trop souvent comme extérieure, est tout intérieure ; elle n'est pas, comme on voudrait nous le persuader, entre le filateur indigène et le filateur étranger ; elle est entre le filateur français, qu veut lever un impôt à son profit, et le consommateur français, qui n'a pas envie de le payer.

Le député. — Mais nous ne pouvons laisser détruire par l'étranger notre industrie nationale, laisser ruiner nos filatures par ces égoïstes de filateurs anglais !

Le commerçant. — Laissons là, pour un moment, si vous le voulez bien, les filateurs anglais auxquels je ne saurais faire un crime de nous offrir le coton à bon marché. Ne perdons pas de vue l'essentiel, qui est de voir si nous devons ou si nous ne devons pas payer un impôt à nos filateurs. Réfléchissez-y bien : croyez-vous qu'ils aient un titre quelconque qui leur confère le droit de percevoir cet impôt ?

Le député. — Non, assurément.

Le commerçant. — Remarquez que, si cet impôt était consenti, il ne ressemblerait pas mal aux redevances que l'on payait, il y a cent ans, aux seigneurs féodaux, sans aucun service équivalent. Il constituerait une classe privilégiée, sans droit d'aucune sorte, ce que nous appelons, à tort, une aristocratie.

Considérez qu'en vertu du principe de la liberté du travail, proclamé par la Révolution, l'Etat ne doit d'autre protection que la justice et l'égalité à tous ceux qui travaillent dans l'agriculture, l'industrie et le commerce. Pourquoi, contre toute justice, en violation du principe d'égalité, favoriserait-il les filateurs aux dépens des autres citoyens ?

Le député. — Mais nos filateurs ne peuvent supporter la concurrence des filateurs anglais ?

Le commerçant. — Ils s'arrangeront comme ceux qui, dans une branche quelconque de travail, ne peuvent supporter la concurrence ; ils changeront d'occupation. Est-ce que vous voudriez autoriser les citoyens qui sont incapables de se faire des revenus par leur travail à s'en faire au moyen d'un impôt levé sur les plus capables ?

Le député. — Non, certes. Mais encore faut-il encourager l'industrie nationale.

Le commerçant. — Je n'y contredis pas. Seulement, je vous

PUBLICATION DE LA LIGUE PERMANENTE

POUR LA DÉFENSE DES INTÉRÊTS DES CONTRIBUABLES ET DES CONSOMMATEURS

PROTECTION

ET

LIBRE-ÉCHANGE

PAR

COURCELLE-SENEUIL

Extrait de LA RÉFORME

PARIS

AU SIÉGE DE LA *LIGUE*, 15, RUE GAILLON

AUX BUREAUX DE *LA RÉFORME*, 15, FAUBOURG MONTMARTRE

1879

prie d'observer que ceux qui paieraient un nouvel impôt aux filateurs sont, eux aussi, des agents de l'industrie nationale. Ce sont des agriculteurs, des commerçants, des tisseurs, des confectionneurs, des fabricants de mérinos, de lingerie, d'étoffes de Tarare ou de Saint-Pierre-lès-Calais, de soieries, que sais-je encore? Ce sont les petits fabricants d'articles de Paris, des ouvriers de toute sorte, qui ne sont certes pas des étrangers. C'est donc sur l'industrie nationale que vous lèveriez l'impôt dont il s'agit d'attribuer le profit aux filateurs. En l'établissant, vous dépouilleriez les uns pour donner aux autres; vous prendriez à ceux qui l'ont bien gagnée une part de leur revenu pour l'attribuer aux filateurs qui se déclarent hors d'état de la gagner. En vertu de quel droit?

Quant aux filateurs, anglais ou autres, dont on parle sans cesse, il est clair que nos actes législatifs ne sauraient les imposer. Et, quoi que nous fassions, nous ne pouvons leur faire payer un centime à nos nationaux. C'est donc toujours sur nous, sur nous seuls, que portera l'impôt. A vous parler franchement, je trouve que ceux que nous payons à l'Etat sont déjà suffisamment élevés.

Le député. — Ils le sont beaucoup trop, surtout depuis la guerre, et ils augmentent les frais généraux de nos filateurs. C'est précisément pour cela qu'ils réclament une compensation.

Le commerçant. — Fort bien ! Mais aux dépens de qui sera donnée cette compensation. Aux dépens des industries dont les frais généraux ont été augmentés par la même cause et qui supportent pourtant, sans se plaindre, le poids des charges publiques. En effet, vous ne pouvez, quelle que soit votre volonté, prendre ailleurs cette compensation. On a donc eu raison de résumer la prétention des filateurs dans les termes suivants : — « Nous sommes frères : donc nous devons nous entr'aider. Tu paies ta part d'impôts ; tu vas payer aussi la mienne. »

Le député. — On ne peut pourtant pas laisser périr cette pauvre filature !

Le commerçant. — Qui vous dit qu'elle périrait, si elle ne levait pas sur nous un nouvel impôt?

Le député. — Les filateurs eux-mêmes, les hommes les plus honorables, les plus justement considérés.

Le commerçant. — Ne vous a-t-on jamais demandé d'argent

sous prétexte d'une très-grande misère qui, vérification faite, n'existait pas ?

Le député. — Certainement. Mais c'étaient des mendiants qui le demandaient ainsi. Vous ne pouvez songer à un pareil rapprochement.

Le commerçant. — Non, sans doute. Cependant, il y a peu d'années, les filateurs d'Alsace, gens tout aussi honorables que ceux qui réclament aujourd'hui, joignaient leurs plaintes à celles de la Normandie et trouvaient la protection actuelle, qui est de 25 0/0 environ, absolument insuffisante. Les voilà devenus Allemands, et, lorsqu'ils apportent leurs fils en France, ces fils sont grevés du droit de 25 0/0 qui les protégeait autrefois. Les filateurs alsaciens ont donc perdu, depuis 1871, un avantage de 50 0/0, et cependant ils vivent. Qu'en dites-vous ?

Le député. — C'est un fait digne d'attention.

Le commerçant. — Je puis vous en rappeler un autre. Vous souvenez-vous de la famine du coton, en 1863 ? Je rentrais en France par le Havre à cette époque, et je me rappelle les plaintes qui retentissaient dans toute la vallée de la Seine, les troncs ouverts dans les gares, dans les buffets, partout. Les bonnes âmes apportaient leur obole, regrettant de ne pouvoir donner assez et craignant qu'on ne pût arriver à secourir tant d'ouvriers sans ouvrage. Eh bien ! les bonnes âmes étaient dupes, et je ne l'ai appris que l'année dernière par l'enquête du Sénat. J'y lis (p. 71) la déposition de M. Delesalle, et j'y trouve le passage suivant : — « M. Pouyer-Quertier qui, si je « me souviens bien, était président d'une société instituée « pour venir en aide aux ouvriers sans travail, M. Pouyer-« Quertier sait aussi bien que moi qu'une grande partie des « fonds recueillis a reçu une autre destination, faute d'appli-« cation. » Et M. Feray ajoutait : « C'étaient les bonnes an-« nées de la filature ! »

Ainsi, ces années, où les plaintes s'élevaient jusqu'au ciel, étaient les bonnes années de la filature ! On tendait la main pour les ouvriers sans ouvrage, et, comme on n'en trouvait pas, ou qu'on en trouvait un trop petit nombre, on donnait, de son chef, aux fonds recueillis une autre destination, à laquelle n'avaient pu songer les souscripteurs, et que je ne connais pas.

Le député. — Vous m'étonniez, et, malgré la confiance que vous m'inspirez, je vérifierai votre citation.

Le commerçant. — Vérifiez à loisir, et pendant que vous feuilletterez cette enquête du Sénat, remarquez bien les plaintes désespérées des filateurs sur l'énormité des importations de cotons anglais et américains, sur ce refoulement des premiers qui, pressés par les seconds, inondaient à ce moment même nos marchés.

Le député. — Je m'en souviens. Je suis même encore ému de ces plaintes.

Le commerçant. — J'en ai moi-même été apitoyé. Eh bien ! le gouvernement vient de publier le tableau du commerce extérieur pour 1878. L'importation des fils de coton, qui s'était élevée à 47 millions en 1876, y figure pour 45 millions ; celle des tissus de coton, qui avait été de 84 millions en 1875, n'était que de 70 millions en 1878. Je croyais bien qu'on avait exagéré un accroissement d'importation, mais jamais je n'aurais pensé qu'au moment même où on se plaignait de son énormité, l'importation était moindre qu'auparavant. Qu'en dites-vous ?

Le député. — C'est incroyable ! Il faut encore que je vérifie le fait.

Le commerçant. — Vérifiez, je ne demande pas mieux. Vous ferez même fort bien d'en prendre l'habitude chaque fois que vous serez en présence d'uue affirmation de nos filateurs. Continuons. Je jette les yeux sur le premier volume de l'enquête que vient de publier la Chambre des députés et j'y lis (p. 102) la déposition de M. Fauquet: « M. Pinel (qui avait fondé une filature il y a dix ans) vous a exposé que, sa filature ayant été doublée l'année dernière... » Donc, M. Pinel, un filateur très-intelligent, *doublait* sa filature pendant cette année terrible de 1877. J'ai peine à croire que ce fût pour doubler des pertes. Un fabricant qui perd se garde de doubler son matériel, et lorsqu'il vient déclarer qu'il ne peut continuer de filer si l'on n'élève les tarifs, ses paroles sont démenties par ses actes.

Je vois dans la même enquête (p. 520) une lettre, datée du 20 mai 1878, dans laquelle M. E. Siegfried dit : « La filature que nous venons de construire. » Un homme d'affaires aussi éclairé que M. E. Siegfried va-t-il se jeter, de gaieté de cœur, dans une industrie qui périt, et juste au moment où cette industrie pousse les cris les plus perçants et les plus lamentables ? J'ai peine à le croire.

Il me semble même que, lorsque des hommes d'affaires, qui

ne sont pas des mineurs sans discernement, après être entrés dans la filature sous le régime des traités de commerce et avoir agrandi leurs opérations sous ce même régime, viennent joindre leurs doléances à celles de leurs collègues, ils comptent un peu plus qu'il ne convient sur la crédulité ou sur la bienveillance des commissaires enquêteurs.

Le député. — Peut-être avez-vous raison. Je voudrais bien cependant qu'on secourût nos filateurs. Leurs plaintes m'affligent.

Le commerçant.—Avez-vous secouru les Lyonnais, lorsque, la mode abandonnant la soie et lui préférant les tissus de laine, tant de fabricants sont restés sans bénéfices et tant d'ouvriers sans pain ? Non. On s'est borné à des souscriptions. Secourez-vous les viticulteurs du Midi, auxquels le phylloxera enlève cinq ou six cent mille hectares de vignes, et les vignerons réduits à émigrer dans l'Aude, où les salaires ont baissé de moitié ? Non. Accordez-vous le droit au travail à l'ouvrier que les accidents de l'industrie laissent sans ouvrage ? Pas davantage. A quel titre et par quel privilége spécial les filateurs seraient-ils traités autrement que les Lyonnais, autrement que les viticulteurs, et plus favorisés même que les ouvriers sans ouvrage ?

Le député. — Il est vrai. Cependant, si la filature française venait à succomber, ce serait certainement un grand malheur !

Le commerçant. — Sans aucun doute. Il ne serait cependant pas si grand que celui qui a frappé la soie et que celui qui frappe aujourd'hui la viticulture. Toutefois, si vous tenez à secourir les filateurs, appliquez-leur les règles usitées en matière de secours. Demandez-leur d'abord d'établir la réalité de leurs besoins, non par des discours vagues et des allégations sans preuves, mais par la production de leurs livres, et mesurez strictement ces secours à leurs besoins.

Le député. — Quoi ! monsieur, y pensez-vous ? J'irais demander à messieurs tels et tels, à des sénateurs, à mes collègues, la production de leurs livres ! J'irais...

Le commerçant. — Ne vous indignez pas. Celui qui demande l'argent d'autrui n'a pas le droit d'être si fier et les filateurs demandent incontestablement le nôtre. Vous êtes chargé des intérêts du peuple français : ne les oubliez pas pour quelques intérêts privés. Vous ne manquerez pas à votre mandat, j'en suis persuadé, mais je regrette fort, à vrai dire, que des hommes que nous avions chargés, comme vous, de la défense de nos intérêts, profitent du mandat qu'ils ont reçu pour solliciter auprès des ministres, auprès du président de la République, auprès de leurs collègues des deux Chambres, pour se faire attribuer une part de nos revenus. Ce spectacle, je vous l'avoue, me blesse et me semble fort peu édifiant.

On ne peut obtenir l'argent d'autrui que par trois moyens, savoir : 1° par violence ou fraude ; 2° par l'échange d'un service ou d'un produit quelconque ; 3° en vertu de la charité, par l'assistance. Les filateurs se déclarent incapables d'obtenir le nôtre par le second moyen, par l'échange libre avec concurrence. Ils n'ont qu'à choisir entre les deux autres, dont le second me semble encore le meilleur.

Le député. — Brisons là, si voùs le voulez bien, et parlons un peu des importations étrangères, des Anglais, des Américains, des Allemands, des prix de revient comparés.

Le commerçant. — Vous m'aviez demandé en commençant de vous épargner les théories. Est-ce que vous voudriez en faire maintenant ?

Le député. — Dieu m'en préserve ! mais je voudrais avoir des éclaircissements sur quelques faits bien positifs, l'excès des importations sur les exportations, par exemple. Cet excès existe chez nous et va croissant ; il menace de nous ruiner, si l'on n'y met ordre.

Le commerçant. — Nous étions convenus de laisser là les théories et vous en acceptez deux en quelques mots. Comment voulez-vous que nous arrivions à nous entendre ?

Le député. — Voilà qui est fort ! Je serais curieux de savoir où vous trouvez deux théories dans les quelques mots que je viens de prononcer.

Le commerçant. — N'avez-vous pas dit que l'excès des importations sur les exportations menaçait de nous ruiner ?

Le député. — Certainement, mais est-ce de la théorie ?

Le commerçant. — Sans aucun doute. C'est même une théorie connue dans l'histoire, sous le nom de « Balance du commerce », d'après laquelle un peuple qui importe plus qu'il n'exporte se ruine. D'après cette théorie, les pays en voie de ruine pour cette cause seraient l'Angleterre, la Hollande, la Belgique et la France.

Le député. — Comment pouvez-vous expliquer ce paradoxe ?

Le commerçant. — Je ne l'entreprendrai pas, parce que cette démonstration m'éloignerait de la question qui nous occupe, et que vous la trouverez dans vingt auteurs, si vous la désirez.

Restons dans les considérations de sens commun. Si j'achète pour 100.000 francs de marchandises et les vends à l'étranger 120.000 francs ; si j'emploie les 120.000 francs à acheter des marchandises que j'importe et vends 140.000 francs me suis-je ruiné ? Non, sans doute, et j'ai pourtant importé 40.000 francs de plus que je n'ai exporté. Si vous voyez un particulier recevoir plus qu'il ne paie, bâtir, prêter au loin et percevoir les revenus des capitaux prêtés, important toujours plus qu'il n'exporte, direz-vous que ce particulier se ruine ?

Le député.—Non, certes. Je dirai même qu'il s'enrichit.

Le commerçant.—Eh bien ! si mille commerçants importent, comme un seul, plus qu'ils n'exportent, l'importation totale dépassera l'exportation, et, loin de s'être ruinée, la nation se sera enrichie.

Pourquoi, lorsqu'il s'agit d'une nation, qui n'est qu'une collection de particuliers, concluez-vous autrement que lorsqu'il s'agit d'un particulier ? C'est que vous êtes, sans vous en apercevoir, sous l'empire d'une vieille théorie qui vous a été enseignée à votre insu. Vous faites de la théorie comme M. Jourdain faisait de la prose, sans le savoir.

Le député. — Peut-être. Je vous suis reconnaissant d'appeler mon attention sur ce point. J'y penserai. Maintenant, dites-moi où vous voyez dans ce que j'ai dit votre seconde théorie.

Le commerçant. — N'avez-vous pas dit que l'excès des importations ruinerait la France « si l'on n'y mettait ordre » ?

Le député. — J'en conviens. Mais je n'y vois nulle théorie.

Le commerçant. — Vous supposez qu'il convient au pouvoir législatif de mettre ordre à ce que le pays ne se ruine pas. C'est que vous supposez que le pouvoir législatif, ou le gouvernement, connaît mieux que les particuliers les intérêts privés de ces mêmes particuliers ; qu'il occupe, à leur égard, la position d'un père de famille ou d'un tuteur chargé de veiller sur la conduite d'enfants sans discernement. N'est-ce pas là une théorie, une théorie fausse et creuse s'il en fut jamais ? Parlons franchement. La fortune publique est-elle mieux gérée que celle des particuliers ?

Le député. — Non, assurément. Elle est même gérée plus médiocrement que celle d'un particulier très-médiocre.

Le commerçant. — Eh bien ! pourquoi le gouvernement, qui manque notoirement, en tout temps et en tout pays, de la capacité nécessaire pour l'administration d'un patrimoine, aurait-il la capacité infiniment supérieure que vous semblez vouloir lui attribuer : celle de juger s'il convient de développer telle branche d'industrie plutôt que telle autre, s'il convient d'acheter au dehors telle marchandise et de ne pas y acheter telle autre marchandise ?

Le député. — Cependant, si le commerce international devenait ruineux, il faudrait bien y mettre ordre ?

Le commerçant. — Fiez-vous-en à nous pour cela. Vous voudrez bien supposer, je l'imagine, que nous n'avons nulle envie de nous ruiner ni de faire aux étrangers, soit à l'achat, soit à la vente, un cadeau quelconque, et que, lorsque nous achetons, lorsque nous vendons, nous y voyons un avantage pour nous. Sans doute, chacun de nous peut se tromper dans tel ou tel cas particulier, mais lorsque l'on considère l'ensemble de nos opérations et leur continuité, ces petites erreurs disparaissent. Si elles prédominaient, nous ne pourrions continuer, parce que nous serions bien vite ruinés. Veuillez donc nous faire l'honneur de croire que, lorsqu'il y va de notre prospérité ou de notre ruine, nous opérons correctement et ne faisons aucun sacrifice au profit des étrangers avec lesquels nous traitons de affaires.

Eh bien ! quand nous défendons ainsi et poussons notre fortune, nous défendons et poussons celle du pays, qui est, en définitive, la nôtre. En cette matière, le législateur ne saurait être assez éclairé pour nous en remontrer et son intervention ne pourrait que nous nuire.

Le député. — Cependant, si nous examinons ce qui se passe, ou va se passer, en Allemagne, aux Etats-Unis, en Suisse, en Russie, en Italie, en Espagne, nous voyons les gouvernements intervenir avec énergie pour protéger le travail national.

Le commerçant. — Sans doute, la France n'a pas le privilége d'être le seul pays où l'on fasse des sottises. Mais laissons là, si vous le voulez bien, les pays étrangers, dans lesquels il est inutile de voyager, aussi bien que les théories que nous n'avons pas le temps de discuter. Demeurons chez nous et ne sortons pas des considérations de sens commun. Pour intervenir utilement dans l'industrie, il faudrait que le législateur possédât les connaissances nécessaires.

Le député. — Certainement.

Le commerçant. — Il faudrait donc qu'il connût la technologie de chaque branche d'industrie dans tous ses détails, le prix de revient de chacune des entreprises qui existent par milliers, la valeur du personnel de chacune d'elles, non-seulement dans le présent, mais dans le possible et l'avenir. C'est beaucoup, mais cela ne suffirait pas. Il faudrait qu'il connût les goûts et décidât des demandes de chaque consommateur, et, de plus, qu'il ne se laissât influencer par aucune considération personnelle de sympathie ou d'antipathie, etc., etc. Un gouvernement peut-il avoir cette omniscience toute divine et cette excellence de volonté?

Le député. — Non, assurément. Mais il peut se borner, ce me semble, à l'étude de la situation des branches d'industrie qui réclament, à l'évaluation de leur prix de revient comparé à celui de leurs concurrents étrangers.

Le commerçant. — Comment le pourrait-il? Un gouvernement se personnifie toujours en quelques hommes, et ces hommes, chargés de veiller à l'intérêt général, ne sont pas responsables directement des erreurs qu'ils peuvent commettre. Il y a donc un motif pour que leur attention soit moins éveillée que celle des particuliers responsables de leurs actes. D'ailleurs, la plupart des hommes qui gouvernent et font les lois n'ont pas pratiqué l'industrie.

Où auront-ils acquis assez de science, assez d'énergie et de clairvoyance pour se défendre contre des intérêts privés représentés par des hommes très-habiles, très-ardents, très-décidés à prendre dans les revenus de la nation la plus grosse part possible? Comment juger entre ces hommes, qui parlent sans cesse au gouvernement, qui l'obsèdent et ceux qui ne disent rien, qui ne se doutent même pas des entreprises dirigées contre eux et travaillent tout bonnement? N'oubliez jamais que, lorsqu'il est question de protection, il s'agit de *prendre* à l'ensemble des industries ce que vous *donnez* à la branche que vous voudriez favoriser. Il faut donc connaître la situation des industries que l'on frappe aussi bien que celle des industries que l'on favorise.

Quant à l'étude du prix de revient, c'est un des moyens les plus ingénieux qui aient été trouvés pour détourner et fatiguer l'attention des législateurs. En premier lieu, on leur fait chercher ce qui n'existe pas. Il n'y a pas, en effet, de prix de revient du fil de coton en France. Chaque filature a un prix de revient différent, selon sa situation, selon le capital dont dispose son chef, l'habileté avec laquelle il s'en sert et avec laquelle il conduit ses opérations commerciales. Ces prix de revient divers ne sont et ne peuvent être connus que des chefs d'entreprise, et encore à la condition que leur comptabilité soit fort bien tenue. Or, qui a jamais songé à demander dans une enquête la production des livres ?

Le député. — Ainsi vous ne tiendriez pas compte des faits relevés par les enquêtes parlementaires ?·

Le commerçant. — Fort peu assurément. Ces faits sont trop souvent affirmés par des hommes qui ont intérêt à tromper à des hommes qui, étant étrangers à l'industrie, sont faciles à tromper.

Pourquoi, d'ailleurs, entrer dans des recherches de ce genre ? C'est accepter d'avance cette proposition, que si la filature est en perte par le fait de concurrents étrangers, on doit la secourir. Or, c'est justement là ce qui est en question; car je ne vois pas que l'infériorité, même bien constatée, d'un chef d'industrie, soit un titre à notre bienveillance, ni surtout qu'elle soit un titre meilleur que sa ruine par un accident fortuit ou par toute autre cause.

Le député. — Vous ne tenez donc pas à ce que votre industrie soit indépendante des étrangers.

Le commerçant. — Non. Je ne sais pas même ce que vous voulez dire avec cette indépendance, et je soupçonne encore dans ce mot quelque théorie. Je ne connais qu'une indépendance, c'est la faculté de me procurer les objets dont j'ai besoin au meilleur marché possible, et cette indépendance est diminuée par quiconque me force à payer cher ce que je pourrais avoir à bon marché. Si vous voulez être indépendant à la manière que vous dites, n'importez pas de coton en laine, car à quoi vous sert la prétendue indépendance de la filature si vous êtes dépendant pour le coton ? N'exportez pas non plus, car on exporte par besoin de vendre tout comme on importe par besoin d'acheter. Pour être conséquent avec la théorie de l'indépendance, il faudrait nous isoler tout à fait, ce qui serait absurde.

Le député. — Donc, à votre avis, si la filature était en perte, on devrait l'abandonner à son sort ?

Le commerçant. — Sans aucune hésitation. Puisque nous n'avons eu aucune part dans ses bénéfices, je ne vois pas

pourquoi nous viendrions l'indemniser de ses pertes, dont
'existence, je vous l'avoue, ne m'est pas du tout démontrée.

Le député. — Je suis fixé sur votre opinion. Voulez-vous
maintenant me dire s'il vaut mieux avoir des tarifs de douane
autonomes ou des traités de commerce?

Le commerçant. — Mettons à part les tarifs, dont l'existence
est inévitable, puisque nous ne pouvons guère avoir de traités
de commerce avec tous les peuples. Il faut donc avoir des tarifs; puis, il faut aussi avoir des traités de commerce, et je
crois qu'ils sont chose excellente.

Le député. — Cependant ils nous ôtent la liberté de modifier
nos tarifs.

Le commerçant. — Oui, ils vous privent de la liberté d'élever
les droits d'entrée, c'est-à-dire de nuire à la nation, mais ils
vous laissent libres de les abaisser, ce qui pourra devenir fort
avantageux dans certaines circonstances.

Remarquez en outre que des traités conclus pour un certain
nombre d'années nous assurent, dans les conditions du commerce extérieur, une fixité dont nous avons grand besoin,
fixité qu'un tarif autonome ne saurait nous donner, à cause de
l'ardeur insatiable des convoitises protectionnistes.

Le député. — C'est un avantage. Toutefois je crains que vous
l'exagériez.

Le commerçant. — Je crois, au contraire, que je n'y insiste
pas assez, surtout après avoir été témoin du trouble jeté dans
les affaires par l'expiration du traité avec l'Autriche-Hongrie.
Quoi qu'il en soit, j'aurais dû vous dire tout d'abord en quoi
un traité est préférable, par lui-même et en dehors de toute
circonstance accessoire, à un tarif général.

En établissant le tarif, nous ne pouvons nous occuper que
de l'importation, puisque l'exportation échappe à notre juridic-
tion. En concluant un traité, au contraire, nous pouvons, en
même temps que nous supprimons ou diminuons une restric-
tion à l'importation, obtenir une concession équivalente de
l'étranger avec lequel nous traitons en faveur de nos exportations. Par le tarif nous pouvons abaisser ou élever les barrières qui s'opposent à ce que les produits étrangers entrent
chez nous; par les traités, nous pouvons en même temps
abaisser les barrières qui s'opposent à ce que nos produits
trouvent un débouché chez les autres peuples.

Le député. — J'en conviens. Il est étrange qu'on ne considère pas ce côté de la question, lorsqu'on s'élève contre les traités de commerce.

Le commerçant. — C'est que ceux qui critiquent les traités de commerce, comme les filateurs de coton, sont des industriels incapables de supporter la concurrence étrangère, qui, pour cette raison, n'exportent pas ou exportent fort peu. Les filateurs de coton ont exporté en 1878 pour 3 millions de fils seulement. Que leur importe l'exportation? La majorité de nos industries, et les plus importantes, au contraire, supportent avec succès la concurrence étrangère et exportent deux milliards de marchandises environ. Ces derniers, qui occupent la plus grande part des capitaux et des ouvriers français, ont un intérêt énorme au maintien et à l'extension du régime des traités de commerce.

Le député. — Très-bien! Mais on dit que les Etats étrangers vont relever leurs tarifs. Ne devons-nous pas nous défendre contre eux, ou même les prévenir?

Le commerçant. — Si ces Etats relèvent leurs tarifs, ce sera un événement très-fâcheux, pour eux d'abord et ensuite pour nous. Il convient donc de nous garder de toute provocation, et, dans mon opinion, notre gouvernement, lorsqu'il a dénoncé les traités de commerce avec l'Angleterre et la Belgique, a fait un acte qui peut devenir funeste aux intérêts de la nation. Je crois qu'il conviendrait, au contraire, de prévenir, autant qu'il est en nous, le relèvement des tarifs étrangers par la négociation franche et la conclusion de traités de commerce. Si, malgré tous nos efforts, les étrangers relevaient leurs tarifs, je serais d'avis d'endurer leur sottise sans l'imiter.

Le député. — Quoi! vous ne voudriez pas même de représailles?

Le commerçant. — Non. Il m'est facile de vous dire pourquoi. Lorsqu'un Etat étranger élève ses tarifs, il ferme un débouché à nos industries d'exportation, dont elles souffrent. Si, par représailles, nous élevons nos tarifs, nous élevons le prix des produits de nos industries qui n'exportent pas. Au détriment de qui agissons-nous? Au détriment du consommateur en général et surtout au détriment des industries d'exportation, déjà frappées par les étrangers.

Qu'on élève à l'étranger les droits d'importation sur nos laines peignées, nos soieries, nos confections, etc.: voulez-vous que, par représailles, nous élevions les droits d'entrée sur les fils de coton? Nos filateurs applaudiront, sans doute, mais nos fabricants de laines peignées, de soieries, de confections, déjà frappés par l'étranger, seraient encore frappés par nous. Nous achèverions ceux que le relèvement des tarifs étrangers aurait blessés, au profit de ceux que l'étranger ne peut atteindre.

Le député. — Voilà qui est étrange. Je crois vous comprendre. Mais votre discussion s'éloigne tellement de ce que j'ai entendu sur ces matières, que j'ai besoin d'y réfléchir.

Le commerçant. — Pour vous faciliter la réflexion, je vais vous citer un exemple. Considérons un peu, si vous le permettez, l'industrie de Tarare, dont vous avez admiré à l'Exposition les magnifiques rideaux brodés. Cette industrie travaille sur des fils de coton grevés d'un droit élevé, et se trouve sur les marchés étrangers en face de concurrents qui achètent leurs fils en Angleterre sans payer aucun droit. L'impôt qui frappe actuellement les fils de coton à leur entrée en France place donc les fabricants de Tarare, qui appartiennent pourtant à l'industrie nationale, dans une situation pire que celle de leurs concurrents étrangers. Tarare exporte cependant une somme considérable de marchandises. Eh bien ! supposez que l'Angleerre frappe d'un droit d'entrée prohibitif les produits de Tatrare. Vous voudriez, par représailles et sous l'empire d'excitations soi-disant patriotiques, frapper les fils anglais de droits plus élevés. Auriez-vous nui aux Anglais ? Quelque peu sans aucun doute, mais fort peu assurément. Cependant vous auriez rendu pire encore la situation de l'industrie de Tarare : elle était blessée; pour vous venger des Anglais, vous iriez la tuer. Serait-ce là protéger l'industrie nationale ?

Le député. — Vous m'effrayez en me montrant des conséquences auxquelles je n'avais pas pensé. Encore une fois j'y réfléchirai. Continuons.

Pourquoi ne m'avez-vous rien dit des débats qui ont eu lieu devant les commissions d'enquête ?

Le commerçant. — Parce que, dans ces débats, les déposants protectionnistes, qui ont été les plus bruyants, sont presque toujours restés hors de la question, et que les autres les ont trop souvent suivis.

Le député. — Cependant les commissions ont été attentives et laborieuses.

Le commerçant. — Je ne le nie pas. Mais la lecture des

dépositions m'a trop souvent fait penser aux scènes de prestidigitation. Vous savez qu'une part principale de l'art du prestidigitateur consiste à divertir l'attention du spectateur par un petit discours pendant que le tour s'exécute. Ce discours s'appelle un *boniment*. A vous dire vrai, les dépositions protectionnistes m'ont semblé un long boniment, auquel les adversaires ont eu souvent le tort de répondre, au lieu d'insister sur la question de savoir quel droit ont les industries protectionnistes de lever un impôt sur le peuple français.

Le député. — Il pourrait être et j'y penserai. En attendant, je vous serais obligé de vouloir bien résumer votre opinion sur la matière, afin que je puisse m'en faire une idée plus exacte.

Le commerçant. — Très-volontiers. Les filateurs prétendent établir à leur profit et lever sur nous un nouvel impôt. Nous soutenons qu'ils n'y ont aucun droit et nous nous refusons à le payer.

Au lieu de prouver leur droit, les filateurs supposent qu'il existe et se livrent à une multitude de considérations pour prouver qu'ils sont incapables de soutenir la concurrence étrangère. Nous leur répondons que nous en sommes fâchés, mais que nous n'y pouvons rien. S'ils insistent, nous leur offrons l'assistance dans les conditions ordinaires auxquelles on l'accorde.

Nous remarquons que, dans cette discussion, comme dans les discussions socialistes, on suppose que le gouvernement a sur l'industrie des droits que lui accordaient les sociétés anciennes, mais que la Révolution française lui a définitivement enlevés dans la société moderne. Il serait monstrueux qu'après avoir proclamé la liberté du travail, le législateur vînt, par un acte arbitraire, prélever une part des revenus légitimement gagnés par la plupart des industries pour l'attribuer à des industriels qui se déclarent incapables de vivre par le travail libre.

Nous croyons que, sans revenir sur de vieilles théories cent fois réfutées, on peut considérer que, lorsque les particuliers, agissant librement, trouvent avantage à conclure des échanges et des arrangements de travail, ces échanges et ces arrangements sont avantageux à l'État.

Par conséquent, nous divisons les industries en deux classes, savoir: 1° celles qui se soutiennent et vivent sans demanderrien à personne sur le marché universel; — 2° celles qui se déclarent incapables de vivre par elles-mêmes et demandent au législateur de prélever à leur profit une part du revenu des autres. Les premières, après avoir pourvu à nos besoins, exportent pour environ deux milliards de produits ; les autres non-seulement ne peuvent exporter, mais sont hors d'état de suffire à tous nos besoins. Le législateur ne saurait sans injustice favoriser les industries malingres et quémandeuses aux dépens des industries viables et vaillantes qui ne lui demandent que la justice, ni attribuer une prime aux industries qui s'enferment et fuient la concurrence, aux dépens de celles qui passent la frontière et portent dans le monde entier les produits du goût français.

Il ne faut pas oublier que les industries solliciteuses fournissent des produits qui sont, relativement à d'autres industries, des matières premières, que les droits qui élèvent le prix des fils français gênent le tissage et la confection, industries essentiellement nationales, puisque ce sont celles dans lesquelles nos nationaux réussissent le mieux. Pourquoi le législateur viendrait-il élever un obstacle devant ces industries qui prospèrent pour soutenir des industries qui sont en définitive des non-valeurs pour la nation?

Pourquoi refuserait-on de négocier des traités de commerce, au plus grand avantage du consommateur, qui est tout le monde, et des industries d'exportation, qui sont les industries vraiment nationales? Pourquoi, sous prétexte de compensation, ferait-on payer aux industries viables et aux consommateurs la part d'impôt afférente aux industries malingres? Pourquoi, si les étrangers élevaient leurs droits de douane au détriment de nos industries d'exportation, imposerait-on, sous prétexte de représailles, une nouvelle charge à ces mêmes industries au profit de celles qui ne peuvent exporter?

Au fond, on abuse de vos sentiments patriotiques pour vous persuader qu'il suffit à une branche d'industrie d'être incapable de soutenir la concurrence des étrangers pour qu'il soit de votre devoir de la maintenir au prix de tous les sacrifices. Si une, si cent entreprises françaises sont renversées par une invention faite ou importée en France, vous n'en éprouvez aucune émotion. Mais si l'invention est faite au dehors et dérange quatre ou cinq entreprises françaises, c'est autre chose. Au lieu de faire un effort pour soutenir la concurrence, ces entreprises poussent des cris aigus et implorent la protection. Et on délibère gravement si cette protection doit être accordée ! Et pour la mesurer, on prend en considération les déclarations des plaignants, à peu près sans contrôle. C'est là une habitude déplorable, qui tend à établir un gaspillage systématique de nos forces productives. Je vous engage à y mettre fin.

Prenez garde aux théories par lesquelles on veut me persuader que, lorsque j'exporte 100 et fais un retour de 140, je m'appauvris, et que, lorsque j'achète cher ce que je pourrais acheter à bon marché, je m'enrichis. Méfiez-vous de ceux qui vous parlent patriotisme pour obtenir la faculté de prendre de l'argent dans nos poches.

Toute armée en marche et en campagne se divise en deux parties : les uns suivent le drapeau ; les autres, par faiblesse, par maladie vraie ou simulée, restent en arrière : ce sont les traînards et les écloppés. Il en est de même dans l'industrie. Les industries qui vivent par elles-mêmes sous l'empire du droit commun sont au drapeau ; les autres restent en arrière et se plaignent : ce sont les traînards et les écloppés. Faut-il régler la marche sur les nécessités du service et de la lutte pour l'existence, ou sur le pas des écloppés et des traînards, comme le veulent les protectionnistes ? Nous sommes pour le premier parti et il n'y a pas de vieille théorie qui puisse nous en détourner et nous faire croire que le meilleur moyen de nous enrichir, c'est de donner notre argent à des gens qui n'auraient pas su faire valoir le leur.

Nous demandons à être protégés contre les protectionnistes. Nous demandons la justice, l'égalité pour tous. Nous demandons l'abolition graduelle des priviléges injustes et dangereux que l'on propose aujourd'hui d'augmenter.

Le député. — Je vous entends. Pendant que vous parliez, je songeais aux qualités éminentes, aux vertus privées de mes collègues protectionnistes et j'aurai bien de la peine, je vous l'avoue, à résister à leurs sollicitations.

Le commerçant. — Je le comprends et le regrette. Vous vous rappelez, sans doute, l'histoire de Louis XVI. C'était un homme dont les intentions étaient excellentes et si bon qu'il ne pouvait se résoudre à affliger un courtisan. Le courtisan lui-même était un homme aimable toujours, estimable quelquefois, mais aimant la dépense et le grand train, peu soucieux de faire des dettes, parce que le roi les lui payait, fort avide de sinécures, de pensions, de gratifications, que le pauvre roi prenait en conscience dans les coffres de l'État, sans se douter que ses sujets eussent à s'en plaindre. Les courtisans, eux aussi, croyaient être dans leur droit, et si on leur avait dit que le peuple se plaignait des faveurs injustes dont ils étaient l'objet, ils auraient été étonnés et indignés ; car ils étaient habitués, depuis plusieurs générations, à voir la fortune des gens les plus honorés sortir de la mise au pillage des produits de l'impôt. Entouré de ses courtisans, le roi ne voyait qu'eux et n'osait réformer aucun abus, de crainte de leur déplaire. Il voulait le bien des vingt-cinq millions de Français qui souffraient de ces abus, mais il ne voyait pas leurs souffrances, n'entendait pas leurs plaintes et, ses velléités cédant aux murmures des courtisans, il se trouvait impuissant à faire droit aux justes doléances des peuples.

Vous êtes, toute proportion gardée, dans une situation analogue. Un peu trop enfermés dans votre boîte officielle, vous voyez en assez grand nombre autour de vous les représentants des industries protectionnistes. Ils sont honorables dans la vie privée et ont rendu des services politiques. Vous avez avec eux des rapports excellents : vous les rencontrez dans la journée aux chambres et le soir chez les ministres. Eux aussi reçoivent, car ils ont de grandes fortunes et je ne leur reproche qu'un défaut, que la coutume et une longue possession les empêchent de sentir comme nous le sentons, c'est leur goût pour l'argent qu'ils n'ont pas gagné et qu'ils veulent lever [sur nous. Il est naturel qu'auprès d'eux vous oubliiez les centaines de mille de petits industriels parisiens, lyonnais et autres dispersés sur toute la surface de la France, que vous ne voyez ni n'entendez, non plus que les millions de consommateurs auxquels on vous propose avec bonhomie, et sans la moindre arrière-pensée mauvaise, de ravir une partie de leurs revenus, si péniblement acquis. Ce sont pourtant ces millions d'hommes qui vous ont donné mandat de défendre leurs intérêts et qui ont donné le même mandat à vos aimables collègues. Prenez garde d'oublier ceux qui vous ont élu.

Le député. — Certes, j'y songe et je vais consulter mes électeurs.

Le commerçant. — Il me semble que vos électeurs, vous supposant plus instruit qu'eux et honnête, vous ont donné le mandat général d'agir conformément à la justice, telle que vous la comprenez après étude et réflexion. Je crains que vous ne croyiez les avoir consultés lorsque vous aurez causé avec les quelques personnes qui ont conduit votre élection. Mais je m'arrête, car je crois vous avoir dit tout ce que vous me demandiez.

Le député. — Oui, et même quelque chose de plus, dont je vous remercie. Au revoir!

Le commerçant. — Au revoir, monsieur.

COURCELLE-SENEUIL.

Paris. — Imp. F. Debons et Cie, 16, rue du Croissant.